典藏中国·中国古代彩塑精粹

大同善化寺彩塑

杨平　主编

浙江摄影出版社
全国百佳图书出版单位

善化寺位于大同古城内，初建于唐开元年间（713—741），五代后晋时改名大普恩寺。辽末，金兵攻陷大同，寺内大部分建筑毁于战火。金太宗天会六年（1128），寺内高僧率弟子多方化缘筹资，历时15年，修成大雄宝殿及东西朵殿、罗汉洞（三圣殿）、普贤阁、文殊阁（2008年重建）及前殿山门、左右斜廊等，使寺院再度恢复巍然之庙貌。明英宗正统十年（1445），寺名改为"善化寺"。1961年，因其保存完好的辽金建筑和彩塑、明代壁画等，善化寺被列为第一批全国重点文物保护单位。

善化寺现存三堂彩塑，即大雄宝殿、三圣殿的金代彩塑和天王殿的明代彩塑。三圣殿又名三大士殿，虽然经过多次维修，但仍然保留了塑像原来特有的韵味。大雄宝殿有明代维修的痕迹，但基本维持了近900年前的原样。

大雄宝殿建在约3米高的基台上，大殿面阔七间，进深五间，可谓山西现存最为宏伟的古建筑之一。殿内正中砌一长方形佛坛，上塑五方佛、二弟子和二胁侍菩萨。五方佛坐在高高的仰覆莲花座上，施不同说法印，背光直抵房顶。其中，居于中央的毗卢遮那佛的背光和结构精妙的藻井相连接。佛弟子迦叶尊者，面部精瘦，可见头部裸露的青筋；阿难双手合十，面部丰润，彰显着青春活力；两位胁侍菩萨头戴金冠、胸佩璎珞，肩披帔帛，左手持珊瑚等宝物立在莲花座上。最吸引人的二十四诸天——山西现存体量最大的诸天像，分列大殿两侧低矮的凹形砖砌神台上，共有七尊女像、十七尊男像。东墙根神台上从北至南依次是：大梵天、散脂大将、日天、韦驮天、地天、火天、摩利支天、持国天王、增长天王、鬼子母天、毗沙门天、焰摩天等十二天；西墙根神台上从北至南依次是：帝释天、伊舍那天、月天、罗刹天、菩提树神、风天、大辩才天、多闻天王、广目天王、功德天、金刚密迹、水天等十二天。当年的塑匠甚领经文上描述的诸天护法神之形象与性情，对各天造型极尽心思，以求最大程度地让人们理解诸天汉化后的模样及功能。诸天塑像，有的着菩萨装，有的着帝王或帝后装，有的着文官大臣装，有的着戎装，还有的犹如赤脚力士，威武勇猛，令人畏惧。如东墙北侧第四尊韦驮天，可谓之山西乃至中国最具气概和魅力的武将形象之一，其戴红缨头盔，身着铠甲，护肩、护腰处塑卧蝉眉威龙，目光炯炯，面容丰满，挺胸凸肚，与明代流行的韦驮像大不相同；守护人间童子的鬼子母天，则身着帝后装，乌发拢在头冠下，弯眉若柳，明目清澈，气质典雅；西壁下南起第三尊的功德天，则着一袭长裙和明黄色绣花宽袖披衣，面容祥和，恬淡美丽至极……

总之，善化寺的彩塑，深得唐宋塑像艺术之真谛，加之融入民族的审美品位和喜好，为辽金时期雕塑之杰作。

毗卢遮那佛与二弟子迦叶、阿难尊者像

大雄宝殿内景

西方阿弥陀佛像

4

北方不空成就佛像

毗卢遮那佛像

南方宝生佛像

东方阿閦佛像

北方不空成就佛右侧胁侍菩萨像

毗卢遮那佛左侧迦叶尊者像

毗卢遮那佛右侧阿难尊者像

大梵天像头部特写

散脂大将像头部特写

大梵天（左）与散脂大将（右）像

日天半身像

韦驮天像

地天像

17

韦驮天像头部特写

火天像

摩利支天像

持国天王（左）与增长天王（右）像

鬼子母天像

鬼子母天像头部特写

毗沙门天像

焰摩天像

伊舍那天（左）与帝释天（右）半身像

月天像

罗刹天像

31

月天像头部特写

罗刹天半身像

菩提树神像

34

风天半身像

多闻天王（左）与大辩才天（右）半身像

大辩才天像

功德天（左）、广目天王（中）与多闻天王（右）像

多闻天王半身像

广目天王像

功德天像

42

功德天半身像

水天（左）与金刚密迹（右）像

责任编辑：王嘉文　张　磊　唐念慈
文字编辑：谢晓天
装帧设计：杭州大视角文化传播有限公司
责任校对：王君美
责任印制：陈震宇
摄　　影：欧阳君　薛华克　梅　佳　张卫兵
撰　　稿：杨　平　谢　薇

图书在版编目（CIP）数据

大同善化寺彩塑 / 杨平主编. -- 杭州 ：浙江摄影
出版社，2024.1（2025.5重印）
（典藏中国. 中国古代彩塑精粹）
ISBN 978-7-5514-4629-7

Ⅰ. ①大… Ⅱ. ①杨… Ⅲ. ①寺庙－彩塑－大同－画
册 Ⅳ. ①K879.32

中国国家版本馆CIP数据核字(2023)第155394号

典藏中国·中国古代彩塑精粹
DATONG SHANHUA SI CAISU

大同善化寺彩塑

杨平　主编

全国百佳图书出版单位
浙江摄影出版社出版发行
地址：杭州市环城北路177号
邮编：310005
电话：0571-85151082
网址：www.photo.zjcb.com
制版：杭州大视角文化传播有限公司
印刷：杭州佳园彩色印刷有限公司
开本：787mm×1092mm 1/8
印张：6
2024年1月第1版　2025年5月第3次印刷
ISBN 978-7-5514-4629-7
定价：68.00元

典藏中国·中国古代彩塑精粹

高平铁佛寺彩塑

杨平　主编

浙江摄影出版社
全国百佳图书出版单位

铁佛寺在山西省高平市大粮山下米山镇米西村村北，其创建年代不详。据正殿的青石门墩上所刻题记"金大定七年（1167）七月十三日铸造铁佛，修铁佛寺殿"，可知现存殿宇建于金代。又据殿前檐下《重修铁佛寺石碑》"嘉靖元年（1522）秋重修正殿四楹，庙貌焕然新之"的记载，可知正殿于明代进行过重修。

铁佛寺东、西及南面的殿宇均已作为民居。平时殿门紧锁，加之院内居住着村民，知之者甚少。2016年，铁佛寺的彩塑图片在第三十四届世界艺术史大会上展出，立即引起行业专家的关注，寺院遂被人所知。2019年，铁佛寺被列为第八批全国重点文物保护单位。

殿内中央是青砖砌成的方形佛坛，与四周低矮的神台和大门形成"回"字形结构。佛坛上设须弥座（上下枋层层叠涩），佛座上置两层仰莲平台，释迦牟尼结跏趺坐于其上说法——20世纪70年代，有人刮去佛面部和胸前的金子，致使佛像面容损毁。佛的两侧，侍立面部损毁的普贤、文殊两大菩萨，从地上搁置的散落的塑像残件看，佛像两侧原还有两大弟子。

铁佛寺最为精彩的是殿宇内东西次间前后和两山墙下神台上的二十四诸天，其工艺及造型极其讲究、奢华，细节精巧繁缛。最具开创性的是对被塑人物的发丝、发型、胡须以及帔帛的处理，塑匠采用泥裹铁丝或经过热处理的荆条做诸神发丝等，以表现怒发冲冠、彩带飞扬、胡须飘飞的动感。如西次间南起第四尊散脂大将，塑匠为了充分表现其独特的外形，把头发塑成了丝丝缕缕的"爆炸式"蓬发，加之怒目圆睁，龇牙如虎，黑脸如墨，令人望而生畏。

铁佛寺彩塑体现了"工不厌精"的匠人精神，处处彰显塑者的精湛技艺。如西次间南第一尊崇宁天像，极像民间流传的关公形象，其面若重枣，丹凤眼、卧蚕眉，头戴武缨盔，缨子和飞舞起来的飘带融为一体，其间有火焰纹连接。全身披挂锁子甲，肩饰兽头，衣袖于肘部甩出，胸前着明光铠，扎叠涩锦绣束胸、兽面护腹咬金饰宝相花玉带；下身内穿曳地绿锦袍，外披红革珠饰边铠甲，覆盖腹部及腿面，铠甲边缘露出卷曲皮毛……浑身上下服饰无一不精，无一不美，令人目眩神迷。

扫一扫
看更多